AF295408

Lunas de Abriles

Selección de poemas de Joaquín Lobato traducidos al alemán– árabe– francés– inglés– chino

Las Lunas de Abriles

Una selección de poemas de Joaquín Lobato

TRADUCCIÓN AL ALEMÁN:

Kathrin Salesch

TRADUCCIÓN AL ÁRABE:

Ana María Sánchez Medina y Pedro Valcárcel Sánchez

TRADUCCÍON AL CHINO:

Wei Chuan Chu Huang

TRADUCCIÓN AL FRANCÉS:

Anne Effinger y Leïla Djemal

TRADUCCIÓN AL INGLÉS:

Cristóbal José Jiménez Martínez, Eulalia María Martínez Aguilar
y María del Carmen Olmedo Rueda

Proyecto organizado por la Escuela Oficial de Idiomas Axarquía
Con la colaboración de la Asociación Amigos de Joaquín Lobato

Editorial: BoD • Books on Demand GmbH, In de Tarpen 42, 22848 Norderstedt (Alemania)
Impresión: Libri Plureos GmbH, Friedensallee 273, 22763 Hamburg (Alemania)
ISBN: 978-8411-7482-92

PRÓLOGO

Nuestro amor por la cultura, así como nuestro deseo de difundir y poner en valor nuestro rico patrimonio cultural e histórico, ha llevado a este grupo de profesores y profesoras de la Escuela Oficial de Idiomas Axarquía a crear y desarrollar este proyecto.

Nos pareció que, como especialistas en idiomas, podíamos contribuir a nuestro contexto social y educativo con nuestras traducciones de una selección de poemas representativos de la obra de este extraordinario poeta veleño.

En el camino se nos unió otro apasionado de la poesía, que se ofreció a hacer las traducciones al idioma chino. Así que, finalmente, acercamos los poemas de Joaquín a hablantes de cinco lenguas: alemán, árabe, chino, francés e inglés.

Catorce poemas con los que recorrer de la mano de Joaquín Lobato su vida, sus viajes, sus creencias religiosas, su Axarquía, sus costumbres y sus pensamientos más profundos.

JOAQUÍN LOBATO

Nacido en Vélez-Málaga en 1943, estudió Filosofía y Letras en Granada y comenzó sus publicaciones en 1967 y su primera exposición de dibujos.

Tras finalizar sus estudios regresó a su ciudad natal y continuó con su trayectoria artística y literaria.

Cultivó amistad con otros grandes poetas y artistas contemporáneos, como Vicente Aleixandre y Jorge Guillén. La filósofa y escritora María Zambrano, con quien mantuvo una gran amistad, le nombró secretario vitalicio de su fundación.

Joaquín Lobato es una persona muy conocida y querida en su ciudad. El hilo conductor de estos poemas traducidos son el paisaje de la Axarquía, las enfermedades del poeta y su profundo sentimiento religioso. En sus líneas encontramos la búsqueda y disputa constante con Dios y una descripción apasionada de la Semana Santa veleña, así como de las tradiciones sociales y culturales de la época.

Fue nombrado hijo predilecto de Vélez-Málaga, donde falleció en 2005, debido a su enfermedad.

El Ayuntamiento de Vélez-Málaga se ha encargado de publicar su obra inédita con la colaboración de la Asociación Amigos de Joaquín Lobato.

Joaquín Lobato

Lunas de Abriles

Delante
Los
Cetros
Las
Mantillas
Y
Un dolor
A
Zapatos nuevos
(huele a incienso)
Detrás
La
Vieja descalza
Los
Que
Rezan
La
Madre
Del
Hijo enfermo
La
Receta
Y
La
Factura
Del
Médico

Ay señor

Yo sé que me peleo mucho contigo
Y que te enfadas por las cosas que te digo.

Pero hombre, no me gastes más putadas.
No te escondas detrás de las cortinas
Ni me cierres las persianas.
Acaso no ves tú que esas cosas me desciñen.
No te das cuenta lo nervioso que me pongo
Y lo mucho que esas cosas me cabrean.

Ay Señor, por qué me apagas la luz.
Y el otro día, qué pasó. Dímelo. No lo entiendo.

Estoy ya en la bañera totalmente enjabonado
Quien me apagó el butano.

Dímelo. No me esquives

Y dime también quién es ese santo del cielo
Que tanta manía me tiene y que conmigo no puede
Y dime quién es ese otro ángel tan tonto
Que por mí no intercede.

Dímelo

Que yo pondré el remedio,
Tocar madera, quemar incienso o salir corriendo.

Ay Señor, otra vez,
Por qué me apagas la luz.

EPIGRAMA DEL SUSTO

A la hora

De

Acostarme recuerdo

El

Cuento del tío mantequero

Que se comía

A los niños que no eran buenos

Y

El

De

La

Bruja

Urraca

Que

La cuca me cortaba

Si

Me orinaba en la cama.

Atiendo
Si dicen
Mi nombre
Las
Anémonas. O
Cuando
Llaman
A mi puerta
Las palomas.
Me hago el
Tonto
Cuando los muy
Serios
Señores
De rabiosas corbatas
Y
Espantosas
Calvas
Me
Señalan.
No soy
Obediente. Lo comprendo.
No tengo enmienda. Perdo-
Nad el defec-
To.
Cierro la puerta. No pregun-
Ten. No respondo.
Atiendo si dicen
Mi
Nombre
Las crisálidas.

Qué bellísima melancolía

tienen tus tardes tan lejanas de verano.
Es Navidad y nadie viene a visitarte.
Y yo aquí te traigo este champán semidulce
Para brindar contigo las celebraciones.
Pero yo no finjo estrellas
Ni hay serpentinas en mis manos.

Pasear por el Tíber

-la cúpula y la luna-
en esta noche cálida
de este otoño recién llegado.

Yo os prometo adelfas y jazmines

y una dama de noche
para el verano que viene
cuando estemos ya en agosto y su apogeo.

Pasear por el Tíber
oh castel Sant Ángelo durmiéndose
en el mágico silencio de sus aguas.

Pasear por el Tíber
siempre insomne
como un ángel febril en su hermosura.

Aunque
el viento
zumbe fuerte
desde
las siete
colinas
y
venga
rompiendo
estatuas

               y

frontones
y parta
mi espalda
yo

             seguiré
aquí

             erguido
como
siempre
defendiéndome
con
la

             palabra.

Cabras
con
campa-
nillas
olivos
y
montes
arriba.
Una
risa
de almendro
(ventana)
la
niña
traviesa
(lágrimas)
espinos
traje
de
marinerito.
Huele
a
manzana.

Pero Andalucía tiene

sus cosillas: Soles de marzos
lunas de abriles
guerreros espartanos
Largos rosarios en vírgenes de llanto

Niños con hoyillos en sus manos

(ay!)

esta
Andalucía de repentes,
con seriedades a veces de ciprés
y collares romanos

*E*NCARNACIÓN

Encarnación (la que viste siempre de azulmarino)
Todas las tardes escucha discos dedicados por la
radio. La novela de las cinco menos cuarto. Hace
pañitos. A las siete se marcha al rosario y a la
Salve de la Virgen. Muchas veces me llama (cuan-
do paso por la puerta de su casa). Me ofrece una
silla y me siento un rato al sol. Encarnación me cuenta
los pretendientes que tuvo y las pelícu-
las de Libertad Lamarque. después. A las siete.
Encarnación se pone su traje amargo de azulmari-
no y se marcha al rosario.

Escalofriante alegría la
de los
cementerios andaluces.
Ingenuas florecillas,
amarillentos
retratos
en
los blancos funerarios.
Olor a
nada donde
el
sueño eterniza sus
raíces
y
algo
de catacumba
interrumpida.

Debajo

la tristeza de la tarde

y

arriba

allá

encima

en lo más alto

el hoyo de pan con aceite

el niño en cueros

y las moscas

ahogándose

en

los charcos

Los gatos asumen los flasses de los turistas
y ya no huyen despavoridos ni se asustan
detrás de cada piazza en los desvanes ocultísimos de la ciudad
ahora los gatos adornan las estatuas
y respiran al aire libre sentados en los jardines
cuando el atardecer se hace hermosamente rosa
y la luna llega a Roma con el último avión de Milán

Sería terrible saber que lloras por las noches,

Oh mar, tú que desatas requemadas maromas,
Y te alzas luego vencedor intrépido y solemne
Despúes de doblegar el yodo rebeldísimo de las rocas.

Sería terrible saber que lloras por las noches
Y que nadie sepa que estás despierto.

Aprilmonde

Traducción: Kathrin Salesch

Vor

den
Zeptern
schwarze
Schleier
und
ein Schmerz
von
neuen Schuhen
(es riecht nach
Weihrauch)
Dahinter
die
Alte barfuß
die
die
beten
Die
Mutter
des
kranken Kindes
Das
Rezept
und
die
Rechnung
vom
Arzt.

Mein Gott

Ich weiß, ich streite oft mit dir
Und du ärgerst dich darüber, was ich sage.

Aber Mann, spiel mir nicht so übel mit
Versteck dich nicht hinter den Gardinen
Zieh mir nicht die Schalousien runter.

Siehst du etwa nicht, wie mich das aus der Bahn wirft.
Merkst du nicht, wie nervös ich werde
Und wie sauer mich das macht.

Herr Gott, mach mir nicht das Licht aus.
Und neulich. Was war das? Sag es mir.
Ich verstehe das nicht.
Ich war in der Badewanne, total eingeseift.
Wer machte die Gasflasche aus.

Sag es mir. Geh mir nicht aus dem Weg.

Und sag mir auch, welcher Heilige im Himmel
mich nicht leiden kann und mit mir nicht fertig wird
und sag mir auch, welcher dumme Engel
sich für mich nicht einsetzt.

Sag es mir

Ich werde dem Abhilfe schaffen,
auf Holz klopfen, weihräuchern oder weglaufen

Mein Gott, noch einmal,
warum machst du mir das Licht aus.

EIN KURZES GEDICHT ÜBER DIE ANGST

Zur Zeit

des

Schlafengehens erinnere ich mich an

die

Geschichte des Schwarzen Mannes,

der die Kinder

aß, die nicht lieb waren.

Und

die

der

bösen

Hexe,

die

den Schniedel abschnitt,

wenn

man

ins Bett machte.

ICH HÖRE HIN
wenn
die Anemonen
meinen Namen
sagen. Oder
wenn

die Tauben
an meine Türe
schlagen.

Ich stell auf
dumm
wenn die
ernsten
Herren
mit schrillen Krawatten

und

großen
Glatzen
auf
mich zeigen.

Ich bin
nicht willig. Das sehe ich ein.
Ich bin unverbesserlich. Ent-
schuldigt den Fehler.
Ich schließe die Tür. Fragt
nicht. Es kommt keine
Antwort.

Ich höre hin, wenn die
Insektenlarven meinen
Namen sagen.

Welch idyllische Schwermut
Wecken deine weit entfernten
Sommerabende.
Es ist Weihnachten und keiner kommt dich besuchen.

Und hier bin ich, bringe dir diesen
halbtrockenen Sekt,

um mit dir zum Feste anzustoßen.
Aber ich hole dir keine Sterne
vom Himmel
und hab' keine Luftschlangen in der Hand.

Am Tiber entlang flanieren
-die Kuppel und der Mond-
in dieser lauen Nacht
des gerade begonnenen Herbstes.

Ich verspreche euch Oleander und Jasmine

und einen Nachtjasmin
für nächsten Sommer
wenn der August zur Neige geht.

Am Tiber entlang flanieren
oh schlummerndes Schloss Sankt Ángelo
in der magischen Ruhe seiner Gewässer

Am Tiber entlang flanieren
immer schlaflos
wie ein fiebernder Engel in seiner Schönheit.

Auch wenn

der Wind

kräftig bläst

von

den sieben

Hügeln

aus

und

Statuen

       und

Giebel

zerbricht

und meinen Rücken

bricht

       bleibe

ich

hier

       aufrecht

wie

immer

mich verteidigend

durch

das

       Wort.

Ziegen

mit

Glöck-

chen

Oliven

und

Berge

hinauf.

Ein

Auflachen

des Mandelbaums

(Fenster)

das

freche

Mädchen

(Tränen)

Weißdorn

Matrosen-

an-

zug.

Es riecht

nach

Äpfeln.

Aber Andalusien hat

sein gewisses Etwas: Märzsonnen
Aprilmonde
spartanische Krieger
lange Rosenkränze an der Hand von
Tränen weinenden Marien
Kinder mit pummeligen Händen

(ach!)

dieses
Andalusien feuriger Menschen,
mit der Schwermut einer Zypresse
und römischen Ketten

ENCARNACIÓN

Encarnación (die immer dunkelblau trägt)
hört jeden Nachmittag an Hörer gewidmete Lieder
im Radio. Die Telenovela um Viertel vor fünf. Sie bestickt
Tücher. Um sieben geht sie zum Rosenkranzgebet und
zum Mariengebet. Häufig ruft sie mich herbei (wenn
ich an ihrer Haustür vorbeikomme). Sie bietet mir
einen Stuhl an und ich setze mich einen Augenblick in die Sonne.
Encarnación erzählt von den Verehrern, die sie
hatte und von den Filmen von Libertad Lamarque.
Danach. Um sieben zieht Encarnación das bitter- dunkelblaue
Kleid an und geht zum Rosenkranzgebet.

Schaudern erregende Freude, die
der
andalusischen Friedhöfe.
Hervorlugende Blümchen,
vergilbte
Portraits
auf
weißen Grabtafeln.
Geruch nach
nichts, wo
der
Schlaf seine Wurzeln
verewigt
und
etwas
von überirdischen
Katakomben.

Unten

die Schwere des Nachmittags
und
oben
dort
oben
ganz oben
Brot mit Öl zum Tunken
das nackte Kind
und die Fliegen,
die in den
Pfützen
ertrinken

Die Katzen ertragen das Blitzlicht der Touristen
und fliehen nicht mehr verängstigt oder aufgescheucht
hinter jeder Piazza auf die verborgenen Dachböden der Stadt
jetzt verzieren die Katzen die Statuen
und atmen frische Luft in den Gärten sitzend
wenn die Dämmerung sich herrlich rosa färbt
und der Mond mit dem letzten Flug aus Mailand in Rom eintrifft.

Schrecklich wäre zu wissen, dass du nachts weintest,

Du, Meer, das du verrußte Taue löst
Und dich aufbäumst als kühner, erhabener Sieger,
nachdem du das widerspenstige Jod der Klippen
unterworfen hast.

Schrecklich wäre zu wissen, dass du nachts weintest.
Und keiner wüsste, dass du wach bist.

أقمار آبريل

Traducción: Ana María Sánchez Medina,

Pedro Valcárcel Sánchez

في الأَمام
الصولْجانات
والمائْتيلات
وألَمُ
الأَحْذِية الجَديدة.
تُوجَد رائِحة بَخور.
في الوَراء
العَجوزة الحافِية،
والمُصَلُّون
وأُمُّ
الاِبْنِ الـمَريض
والوَصْفة
وفاتورةُ
الطَبيب.

يا رَبّي
أَعْلَمُ أَنِّي أَخْتَلِفُ كثيرًا مَعك
وَأنَّكَ تَغْضَبُ مِنَ الْأَشْيَاء الَّتي أقولُهَا لَك.
وَلكِن، يا رَجُل، لا تَجْعَلْني أعاني أكْثَر.
لا تَخْتَبِئْ خَلْفَ السَتائِر
وَلا تُغْلِقُها لِي
ألا تَرى أَنَّ تِلْكَ الأَشْياء تُزْعِجُني؟
ألا تَدْرِكُ مَدَى تَوَتُّري
وَكَمْ تُغْضبُني تِلْكَ الأَشْياء؟
يا رَبّي، لِمَاذَا أطْفَأْتَ لي النُور؟
وَقُلْ لي ما حَدَثَ قَبْلَ أَيَّام. لا أَفْهَم.
بَيْنَما كُنْتُ بحَوْضِ الاِسْتِحْمام مُغَطَّى بِالكامِل بِالصابون،
مَنْ اِلَّذي أطْفَأ لي البُوتان؟
قُلْ لي وَلا تَتَجَنَّبْني!
وَأَخْبِرْني أيضًا مَنْ هُوَ ذَلِكَ القَدِّيس مِنَ السَماء
اِلَّذي لَدَيْهِ هَوْسٌ كَبيرٌ تِجاهي وَهُوَ لا يَتَحَكَّمُ فِيَّ
وَقُلْ لِي مَنْ هُوَ ذَلِكَ المَلاكُ الغَبي
اِلَّذي لا يَشْفَع لِأَجْلي.
قُلْ لِي
وَسَأجِد حَلًّا،
أَلْمَسُ الْخَشَب أَوْ أُحُرِقُ الْبَخور أَوْ أَهْرُبُ جَرْيًا
يا رَبّي، مَرّة أُخْرى..
لِماذا أطْفَأْتَ لِي النور؟

عِنْدَ ساعةِ النَوْم
أَتَذَكَّر
حِكايَةَ الغُول
اِلّذي
كانَ يَأْكُلُ
الأطْفالَ المُشاغِبين
وَحِكاية الساحِرة
اِلَّتي
تَقْطَعُ قَضيبي
إِذا تَبَوَّلْتُ عَلى السَرير

أَنْتَبِه
إِنْ
قالَتْ
اِسْمِي
شَقائِق البَحْر
أَوْ حِينَما
يَطْرُقُ
الحَمام
عَلى بابي.
أَتَظاهَرُ بِالغَباء
حِينَما يُشيرُ إِلَيَّ
أَصْحابُ
رَبَطاتِ العُنْقِ الغاضِبة
والصَلعاتِ الفَظيعة.
لَسْتُ
مُطيعًا وَأَفْهَمُ ذَلِكَ
وَلَيْسَ عِنْدِي حَلّ.
سامِحُوني عَلى العِيب.
أُغْلِقُ الباب.
لا تَسْأَلُوا.
لا أُجِيب.
أَنْتَبِه إِنْ قالَتْ
اِسْمِي
بَيْضاتُ الفَراشات

ما أجمَلَهُ الحَنين
إلى مَساءاتِكَ الصَيفيّة البَعيدة
عيد الميلاد، ولا أَحَد أتَى إِليكَ في زِيارة
وها قَد أتَيتُ بِهذه الشَمْبانِيا شِبهِ الحُلوة لَكَ
لِكَي أشرَب نَخبك في الإحتِفالات
ولكِنّي لا أتَظَاهَر النُجوم
ولا أحمِل على يَدَيَّ لافِتات وَرَقيّة

أمُرُّ عَلى نَهْرِ التِيبِر
ـ القُبّة وَالقَمَر ـ
في هَذِهِ اللَيْلَة الدَافِئَة
في هَذا الخَرِيف الجَديد
أَعِدُكُمْ بِالدُفْلى والياسَمِين
وبِـمِسْكِ اللَيْل
لِلصَّيِف المُقْبِل
حينَما يَأْتي أُغُسْطُس وَتَأتي ذَرْوَتُهُ.
أمُرُّ عَلى نَهْرِ التِيبِر
يا قَلْعة سانْت أَنْجلو الناعِسة
في صَمْتِ مِياهِها السِحْرِيّ.
أمُرُّ عَلى نَهْرِ التِيبِر
سَهْرَان دائمًا
كَمَلاكٍ مَحْمومٍ بِجَمالِهِ.

حتى لو
كانت الريح
تهبّ بشدّة
من التلال
السبعة
وتأتي
وهي تكسر
التماثيل
والقوصرات
وتقطع
ظهري،
أنا
سأبقى
هنا
مرفوع الهامة
كالعادة
مُدافِعًا عن نفسي
بالكلمة.

المعزّ
بالأجراس
والزيتون
والتلال
في الأعلى.
ضحكة
لوزية
(الشبّاك)
والبنت
المشاغبة
(الدموع)
نباتات الشوك
وبدلة
بحّار صغير.
توجد رائحة
تفاح.

وَلَكِن لِأْنْدَلُسِيا
أَشْياؤُها الصَغيرة. شُموسُ مارِس
وَأَقْمارُ أُبْريل
وَمُحارِبُون اِسْبَارْطِيُّون.
مَسابِح طَويلة بِأَيْدِي العَذارَى الباكِيات
وَأَوْلاد بِـغَمّازات عَلى يَدَيْهِمْ
آه!
هَذِه
أَنْدَلُسِيا بِـعَفْوِيَّتِها
بِجِدّيّةِ السَرْو أَحْيانًا
وَالقَلائِدُ الرومانيّة

إنْكارْناثِيون (التي تتشح دائما بالأزرق الداكن) تستمع كل مساء إلى الأغاني المُهداة بالراديو وإلى مسلسل الساعة الخامسة إلاّ ربعا. تخيط مناديل صغيرة.

تخرج في السابعة لصلاة المسبحة الوردية والسلام الملائكي. كثيرًا ما تناديني (حينما أمُرُّ ببابها) وتقدم لي كرسيا وأجلس قليلا تحت الشمس. تحدّثني إنكارناثيون عن خاطبيها وأفلام ليبيرتاد لامارك. بعد ذلك عند السابعة ترتدي إنكارناثيون بدلتها المرّة بالأزرق الداكن وتخرج لصلاة المسبحة الوردية.

فرحة مُرعبة
للمقابر الأندلسية.
زُهَيرات بَريئة
وصور مُصفرّة
في الشواهد البيضاء.
رائحة اللاشيء
حيث يُخلِّد الحلم جذوره
وشيء من سراديب الموتى
غير المكتملة

في الأسفَل
حُزن المَساء
وَفوق
هُنالِكَ
في الأعلَى
حُفرة الخُبز بالزَيت
والوَلَدُ العاري
والذباب الغارِق
بالبِركات

تستقبل القطط فلاشات كاميرات السياح دون أن تفرّ مرعوبة أو
تفزع مختبأة وراء كل ميدان في السندرات المكنونة في المدينة

الآن تزيّن القطط التماثيل وتتنفس الهواء الطلق جالسة في
الحدائق عندما يتزيّن الغروب باللون الورديّ ويصل القمر إلى
روما بآخِر طائرة من ميلان.

سيكون مروعًا أن نعلم أنك تبكي في الليالي

أيّها البحر، أنت الذي تفكّ الحبال المحترقة

ثم تنهض بعد ذلك منتصرا شجاعا ومهيبا

بعد أن سخّرت يود الصخور المتمرد.

سيكون مروعًا أن نعلم أنك تبكي في الليالي

وأن لا يعرف أحد أنّك ساهد.

Lunes d'avrils

Traducción: Leïla Djemal, Anne Effinger

Devant

les

sceptres

les

femmes en mantille

et

la douleur

des chaussures neuves

(ça sent l'encens)

tout derrière

la

vieille qui traîne ses pieds nus

Ceux

qui

prient

La mère

du

fils malade

L'

ordonnance

et

la

facture

du

médecin.

Ô mon Dieu

Je sais que nous avons nos différends
Et que tu te fâches à cause de ce que je te dis.

Mais ne me fais plus de sales coups.
Ne te cache pas derrière les rideaux
Ne me ferme pas non plus les volets.

Ne vois-tu pas que ces choses me perturbent.
Tu ne réalises pas à quel point je suis nerveux
Et à quel point ces choses me fâchent.

Ô mon Dieu, pourquoi tu éteins la lumière ?

Et l'autre jour, que s'est-il passé ? Dis-le-moi. Je ne comprends pas.
Alors que j'étais plein de savon dans la baignoire
qui a éteint le chauffe-eau ?

Dis-le-moi. Ne m'évite pas
et dis-moi aussi qui est ce Saint des cieux.
qui ne peut pas me piffer et ne me supporte pas
et dis-moi quel est cet autre ange si stupide
qui ne prend pas ma défense

Dis-le-moi
Et je trouverai une solution
Toucher du bois, brûler de l'encens ou prendre la poudre
d'escampette.

Ô mon Dieu, pourquoi tu éteins de nouveau la lumière ?

ÉPIGRAMME DE LA PEUR

Au moment
de
me coucher je me souviens
de
l'histoire de l'ogre
qui mangeait
les enfants qui n'étaient pas sages
et
de
celle
de
la
méchante sorcière
qui
allait me couper le zizi
si
je faisais pipi au lit

Je réponds
si
les anémones
prononcent mon nom. Ou
quand
les colombes
frappent
à ma porte.
Je ne réponds pas
quand ces
messieurs
sérieux
aux cravates bariolées
et
aux têtes
chauves
hideuses
me montrent du doigt.
Je ne suis pas
obéissant. Je le comprends.
Je suis comme ça. Pardon-
nez-moi ce dé-
faut.
Je ferme la porte. Ne me deman-
dez rien. Je ne réponds pas.
Je réponds si
les chrysalides
prononcent
mon nom.

Qu'elle est belle, la mélancolie
de tes lointaines soirées d'été.
C'est Noël et personne ne vient te rendre visite.

Et moi, je t'apporte ici ce champagne demi-sec
pour trinquer et célébrer avec toi les fêtes.
Mais je ne feins pas qu'il y a des étoiles
et je n'ai pas de serpentins dans mes mains.

Se promener au bord du Tibre
– La coupole et la lune –
en cette nuit chaude
de cet automne tout récent.

Je vous promets des lauriers roses et des jasmins

et une dame de nuit
pour le prochain été
quand nous serons déjà en août et à son apogée.

Se promener au bord du Tibre
ô castel Sant' Angelo qui s'endort
dans le silence magique de ses eaux.

Se promener au bord du Tibre
toujours éveillé
tel qu'un ange fiévreux
en beauté.

Même si
le vent
gronde
depuis
les sept
collines
et s'engouffre
en brisant
statues
et
frontons
et me brise
le dos
je
continuerai
ici
debout
comme toujours
à me défendre
avec
la
parole

Des chèvres
avec
leurs clochettes
qui grimpent
dans les montagnes
semées
d'oliviers.
Le
rire
d'un
amandier
(fenêtre)
la
petite fille
espiègle
(larmes)
des aubépines
un costume
de
petit marin.
Ça sent
la
pomme.

Mais l'Andalousie a

ses choses à elle : Soleils de mars
lunes d'avrils
des guerriers spartiates
De longs chapelets entre les mains des vierges
en pleurs
Des enfants aux mains potelées

(aïe!)

Cette
Andalousie de spontanéités
avec parfois le sérieux des cyprès
et
des colliers romains

Encarnación

Encarnación (celle qui est toujours en bleu marine)
Tous les après-midi, elle écoute des disques dédicacés
à la radio. Le feuilleton de cinq heures moins le quart.
Elle confectionne des napperons. À sept heures elle part
prier le chapelet et la Salve. Souvent, elle m'appelle
(quand je passe devant sa porte). Elle me propose une chaise
et je m'assieds un instant au soleil. Encarnación me raconte
les prétendants qu'elle a eus et les films de Libertad Lamarque.
Puis. À sept heures. Encarnación met son tailleur
plein d'amertume couleur bleu marine
et part prier le chapelet.

Terrifiante joie
des
cimetières andalous.
Petites fleurs ingénues,
portraits
jaunissants
devant
les niches blanches.
Une odeur à
rien là où
le
sommeil éternise ses
racines
et
quelques catacombes
par-ci par-là

En bas

la tristesse du soir
et
en haut
là-bas
au-dessus
tout en haut
le pain à l'huile d'olive
l'enfant nu
et les mouches
qui se noient
dans
les flaques

Les chats acceptent les flashs des touristes
ne fuient plus affolés ni ne s'effraient
derrière chaque piazza dans les greniers cachés de la ville
maintenant les chats ornent les statues
et respirent à l'air libre assis dans les jardins
quand le crépuscule prend un rose superbe
et que la lune arrive à Rome par le dernier avion de Milan

Ce serait terrible de savoir que tu pleures la nuit
Ô mer, toi qui délies les cordages brûlés
et qui te dresses ensuite, vainqueur intrépide et solennel
après avoir dompté l'iode le plus rebelle des rochers.

Ce serait terrible de savoir que tu pleures la nuit
et que personne ne sache que tu es éveillé.

April Moons

TRADUCCIÓN: Cristóbal José Jiménez Martínez,

Eulalia María Martínez Aguilar,

María del Carmen Olmedo Rueda

At the front were
the
sceptres,
the
ladies in mantillas
and
pain
from
new shoes
(scent of incense filling the air)
At the back were
the
barefoot old lady,
the ones
who
pray,
the mother
of
the sick child,
the
prescription
and
the
doctor's
bill.

*O*h My Lord

I know that I argue with you too often
that you get annoyed about the things I say to you.

But man, do not play dirty tricks on me.
Do not hide behind curtains
or close the shutters on me.

Can't you see that those things unsettle me?
Don't you realise how uneasy I get?
and how much those things bother me.

Oh My Lord, why do you turn off the light?

And what happened the other day? Tell me. I don't
understand. I was all covered in soap in the bathtub,
who turned off the hot water?

Tell me. Don't ignore me

and tell me, too, who is that saint in heaven
who is so mad at me and who can't stand me
and tell me who is that other stupid angel, so good for
nothing
who won't stick up for me.

Tell me
and I will sort it out,
by touching wood,
burning incense or running away.
Oh My Lord, once again,
Why do you turn off the light?

EPIGRAM OF FEAR

At
bedtime
I recall
the
story of the bogeyman
who devoured
the naughty children
and
the
one about
the
Wicked
witch
who
would cut my willy
if I wet my bed.

I respond
whenever
anemones
say
my name. Or
whenever
doves
knock
at my door.
I act
dumb
whenever the extremely
serious
gentlemen
in loud ties and
awful
baldness
point
at me.
I am not
obedient. I understand that.
I can't change.
Forgive my
imperfection
I shut the door. Do not
ask me. I won't answer.
I only reply when
chrysalids
say my name.

Such beautiful melancholy
your distant summer afternoons.
It is Christmas time and no one has come to visit you.
But here I am, bringing this semisweet champagne
to toast the celebration with you.
But I don't fake stars
nor are there streamers in my hands.

Strolling along the Tiber
-the dome and the moon –
in this warm evening
of this newly come autumn.

I promise you oleander blossoms and jasmine

and a night jasmine
for the coming summer
when we'll be in August, and its peak.

Strolling along the Tiber
oh, Sant'Angelo Castle falling asleep
in the magical silence of its waters.

Strolling along the Tiber
always sleepless
like an angel, feverish in his beauty.

Even if

the

wind

sweeps down

from

the Seven

Hills

and

rushes past

crashing

statues

    and

facades

and

breaks

my back

    I will stand

here

    erect

as always

defending myself

with

my

    words

Goats
wearing
small bells
olive trees
and
hills
up there.
An
almond
tree
laughter
(window)
the naughty
little girl
(teardrops)
Hawthorn trees
a boy
in
sailor
suit.
It smells
of apples.

But Andalusia has

its little quirks. Suns of March,
April moons
Spartan warriors
Long rosaries hanging from the hands of virgins in tears
Children with dimples on their hands

(oh¡)

This Andalusia of sudden impulses,
with sobrieties, at times cypress-like
and Roman necklaces.

Chilling joy, that

of the

Andalusian graveyards.

Naïve little flowers,

yellowish

portraits

on

white stone plaques.

A scent of

nothingness where

sleep perpetuates its

roots

and

a sort of

broken catacomb.

Below

the afternoon grief
and
up
there,
above,
at the very top,
the humble hollowed piece of bread with olive oil
the bare naked boy
and the flies
drowning
in
dirty puddles

The cats come to terms with the tourits' flashes
and no longer panic in terror
behind every Piazza in the town's most hidden attics.
The cats now adorn statues
and breathe in the open air, sitting in the gardens,
as dusk turns beautifully pink
and the moon arrives in Rome along with the last flight from Milan.

It would be terrible to know that you cry at night,
dearest sea, you untie weathered ropes,
and then you rise victorious, intrepid
and solemn
After submitting the most rebellious iodine from the rocks.

It would be terrible to know that you cry at night
and no one knows that you are awake.

四月的月亮

Traducción: Wei Chuan Chu Huang

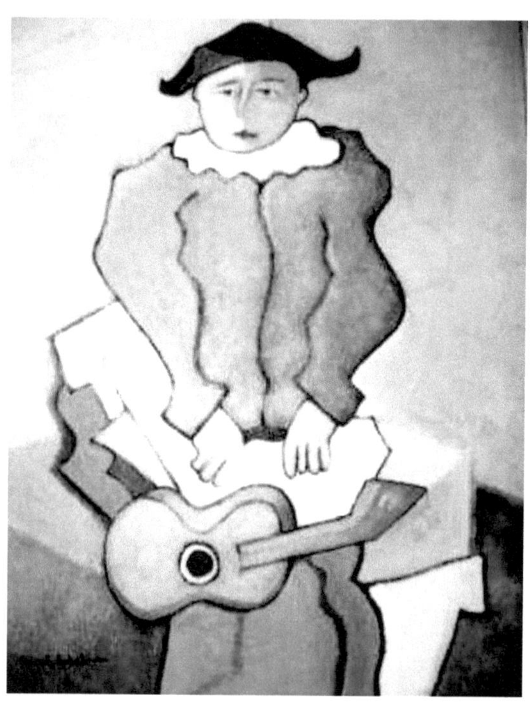

主啊，
我知道我常常与你争吵，
也明白我说的一些话会让你生气。
但请别再跟我耍花招了，
不要躲在窗帘后面，
也不要关上我的百叶窗。
你没有看到这些动作让我无所适从
你难道没有意识到我有多么不安
而且这些事情也让我非常恼火吗？

主啊， 为什么你要熄掉我的灯？
还有，那天是怎么回事， 我到现在都无法理解。
我正在浴缸里泡澡，全身涂满了肥皂， 是谁关掉了煤气？

请回答我， 不要躲着我。
还有，那个对我如此有敌意的圣人是谁，
我知道他受不了我。
还有， 那个愚蠢的天使， 他为什么不想帮我？
求你告诉我
然后我会找到解决方法的，
我会祈祷， 烧香，或者干脆逃跑。
主啊，你又来了，
为什么要熄掉我的灯？

我回答

我回答
当
我的名字
被
海葵
唤起时
或者
当
鸽子
敲响
我门时。
我装傻
当
非常严肃的
戴着狂怒的领带
和
可怕的
秃头
的先生们
指着我。
我无动于衷
我明白
我不听话
请原谅我的缺点
我关着门
别问
我不会回答。
但是
如果它们说出我的
名字
我会
回应的
蛹

多么美丽的忧郁

笼罩着你那远离夏日的黄昏。

圣诞节到了，却无人来访。

我带给你这半甜的香槟

与你共度佳节。

但我并不伪装星辰

手中也无彩带飞扬。

台伯河畔漫**步**，

穹顶下明月璀璨。

秋夜温暖宜人，

岁月新意不断。

誓夹竹桃与茉莉，

夜来香同伴，

待到来年八月，

花香飘溢，时光恣
意。

台伯河畔漫**步**，

**圣天使城沉睡其
中**，

河水幽静如幻。

台伯河畔漫**步**，

夜不成眠，

宛若热情天使容
颜。

虽然

风

从七座

山丘

呼啸而来

摧毁

雕像

和

门额

折断

我的背脊

我

仍会

屹立

在这里

像往常一样

用

言辞

捍卫自己

山羊

带铃铛

橄榄树伴山路

蜿蜒向上。

杏花笑

（窗户）

顽皮的少女

（眼泪）

荆棘似的

小水手服。

闻起来

像苹果。

但安达卢西亚有

它的个性：三月的阳光

四月的月亮

斯巴达战士

哭泣的圣母与长长的念珠

可爱的酒窝在孩童手心

（啊！）

这个

安达卢西亚如此多变，

像柏树一样庄严

又像

奢华的罗马项链

令人毛骨悚然的喜
悦弥漫着

安达卢西亚的墓
园。

天真的小花，

泛黄的肖像

在

洁白的墓碑上。

虚无的气味萦绕着

梦境扎根永存地
方，

还有

一丝残存的气息

来自被扰乱的

地下墓穴。

恩卡纳西翁（那位总是穿着深蓝色衣服的女士）

每天下午都聆听收音机的点播歌曲。

五点差一刻，**她**边听着广播剧，边钩织小手**帕**。

七点钟，她会去参加玫瑰经祈祷和又圣母经。

她时常邀请我（当我路过她家门口时），

让我坐在她家门口晒晒太阳。

恩卡娜西翁会向我讲述她曾经的追求者，

以及**她看**过的利伯塔德·拉马克主演的电影。

之后，到了七点，恩**卡**纳西翁会穿上她深蓝色的苦涩套装，

去参加**玫瑰**经祈祷。

在低处

忧郁笼罩的傍晚

而高高在上

挖空的面包里

装满了橄榄油

赤裸的孩子身旁

有苍蝇

在水滩里

挣扎

致 玛丽亚 赞布拉诺

猫儿化身游人的身影，

不再**惊慌逃避**，**不再惧怕**。

城市角落，阁楼深处，

猫儿与雕像共舞，

草木间尽情舒展，

夕阳染霞，娇艳可人。

月儿随最后一航班，

米兰归来，高悬罗马。

我害怕发现你在夜
晚哭泣，

哦，大海，你能解
开焦黑的缆绳，

你征服了岩石上最
顽固的碘，

然后你像一个胜利
者勇敢而庄严地崛
起。

我害怕发现你在夜
晚哭泣，

而没有人知道你醒
着。

AGRADECIMIENTOS

Agradecemos a la Asociación de amigos de Joaquín Lobato su generosa e inestimable guía y ayuda durante el proceso de análisis e interpretación previo a las traducciones y en todos los momentos posteriores hasta terminar nuestra labor y al Centro del Profesorado de la Axarquía, en especial a nuestra coordinadora Marta López Artero, por su apoyo durante todo el camino.

Por último, queremos agradecer al alumnado de la E.O.I. Axarquía su implicación y el cariño que pusieron en la lectura de poemas en el recital que sirvió como presentación de nuestro trabajo.